Dans mon coin

LES POSTIERS

Nos remerciements à Deby Martin
à Postes Canada
P.B. et K.L.

Données de catalogage avant publication (Canada)
Bourgeois, Paulette
Les postiers
(Dans mon coin)
Traduction de : Canadian postal workers.
ISBN 0-590-74339-2

1. Postes - Canada - Ouvrages pour la jeunesse.
2. Postes - Canada - Personnel - Ouvrages pour la jeunesse.
I. LaFave, Kim. II. Titre. III.
Collection : Bourgeois, Paulette. Dans mon coin.

HE6655. B614 1992   j383'.4971   C92 -093431-5

ISBN 0-590-74339-8

Titre original : Canadian Postal Workers

Édition publiée par Scholastic Canada Ltd., 123, Newkirk Road, Richmond Hill (Ontario) Canada L4C 3G5, avec la permission de Kids Can Press Ltd.

Conception graphique : N.R. Jackson

4321   Imprimé à Hong-Kong   234/9

Dans mon coin

LES POSTIERS

Texte de Paulette Bourgeois
Illustrations de Kim LaFave

Texte français de Dominique Chauveau

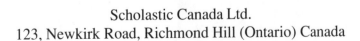

Scholastic Canada Ltd.
123, Newkirk Road, Richmond Hill (Ontario) Canada

— Oh, non! s'exclame Alexis. L'anniversaire de grand-maman est dans seulement quatre jours et je ne lui ai pas encore envoyé de carte.

Alexis choisit son plus beau papier sur lequel il dessine un arc-en-ciel et des ballons. Il écrit un message spécial, puis glisse la carte dans une enveloppe.

«J'espère qu'elle arrivera à temps!» se dit-il en se croisant les doigts.

La carte doit voyager à travers tout le pays.

Alexis inscrit l'adresse de sa grand-mère et son adresse à lui, sur le devant de l'enveloppe. Il vérifie deux fois le code postal — le courrier se rend bien mieux quand l'adresse est exacte. Il va ensuite acheter un timbre au bureau de poste.

L'argent du timbre sert à payer le transport du courrier d'un endroit à un autre. Lorsque les gens envoient du courrier spécial, comme des gros colis ou du courrier urgent, ils paient plus cher au bureau de poste pour le service supplémentaire.

Alexis regarde tous les timbres et choisit le sien avec beaucoup de soin. Il lèche le dos du timbre et le colle sur l'enveloppe avant de la glisser dans la boîte aux lettres.

Une fois par jour, un camionneur ouvre la boîte aux lettres et met les enveloppes dans un grand sac. Les envois spéciaux vont dans des sacs que le maître de poste donne au camionneur. Le camionneur ramasse le courrier le long de sa route et l'apporte au centre de traitement des lettres de la ville la plus proche.

Là, les sacs de tous les camionneurs sont déversés sur un convoyeur à courroie. On y trouve des lettres, des cartes et des colis qui vont partout dans le monde. Les postiers trient le courrier spécial, les lettres et les colis qui sont trop gros ou trop petits pour les machines.

La machine qu'on appelle MÉRO est une machine qui fait trois tâches en une. Elle élimine, redresse et oblitère. Juste au cas où un codeur-ramasseur-trieur aurait oublié de retirer une enveloppe de dimension spéciale, la machine rejette tout le courrier qui n'est pas de la bonne grandeur. Ensuite, elle redresse les enveloppes pour qu'elles soient toutes dans le même sens.

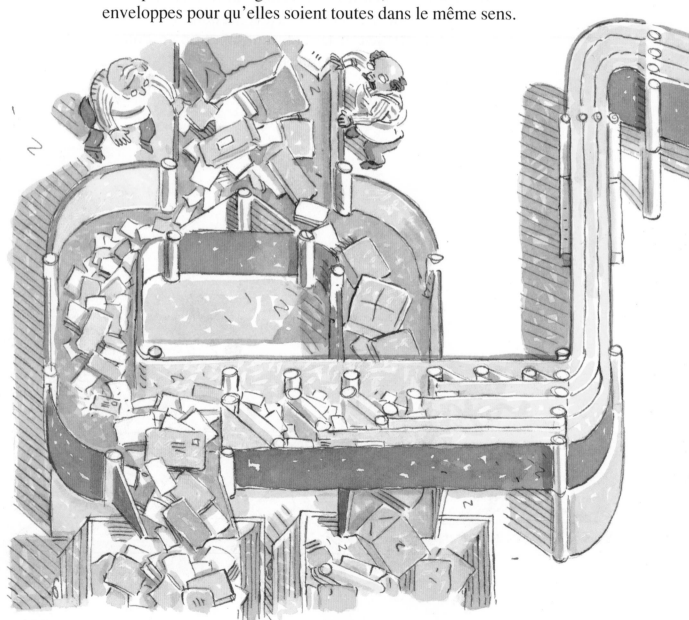

Puis, la machine oblitère les timbres en traçant une marque sinueuse dessus. Un timbre oblitéré ne peut pas être réutilisé. Les timbres sont comme les billets — ils ne sont valables que pour un seul voyage!

Grand-maman Fortier
45, rue de la Ville
Victoria (Colombie-Britannique)
V1E 2C3

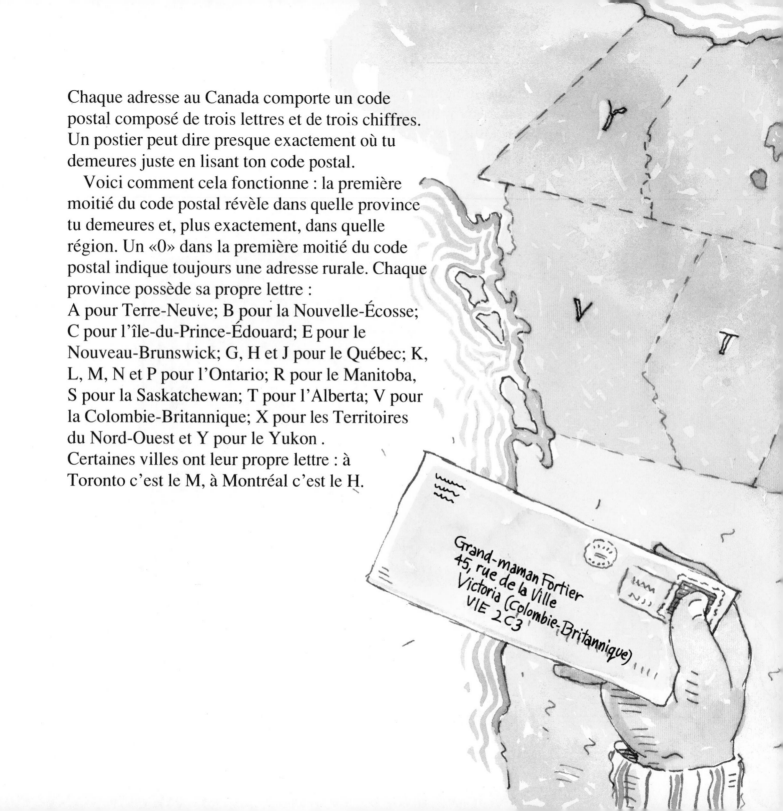

Chaque adresse au Canada comporte un code postal composé de trois lettres et de trois chiffres. Un postier peut dire presque exactement où tu demeures juste en lisant ton code postal.

Voici comment cela fonctionne : la première moitié du code postal révèle dans quelle province tu demeures et, plus exactement, dans quelle région. Un «0» dans la première moitié du code postal indique toujours une adresse rurale. Chaque province possède sa propre lettre :
A pour Terre-Neuve; B pour la Nouvelle-Écosse; C pour l'île-du-Prince-Édouard; E pour le Nouveau-Brunswick; G, H et J pour le Québec; K, L, M, N et P pour l'Ontario; R pour le Manitoba, S pour la Saskatchewan; T pour l'Alberta; V pour la Colombie-Britannique; X pour les Territoires du Nord-Ouest et Y pour le Yukon .
Certaines villes ont leur propre lettre : à Toronto c'est le M, à Montréal c'est le H.

Grand-maman Fortier
45, rue de la Ville
Victoria (Colombie-Britannique)
V1E 2C3

À la campagne, la deuxième partie du code postal indique dans quel bureau de poste rural arrive ton courrier. À la ville, il indique même au postier entre quelles intersections et de quel côté de la rue tu demeures.

Un ordinateur lit le code postal inscrit sur une enveloppe et le transcrit en langage informatique par les barres jaunes imprimées sur le devant de l'enveloppe.

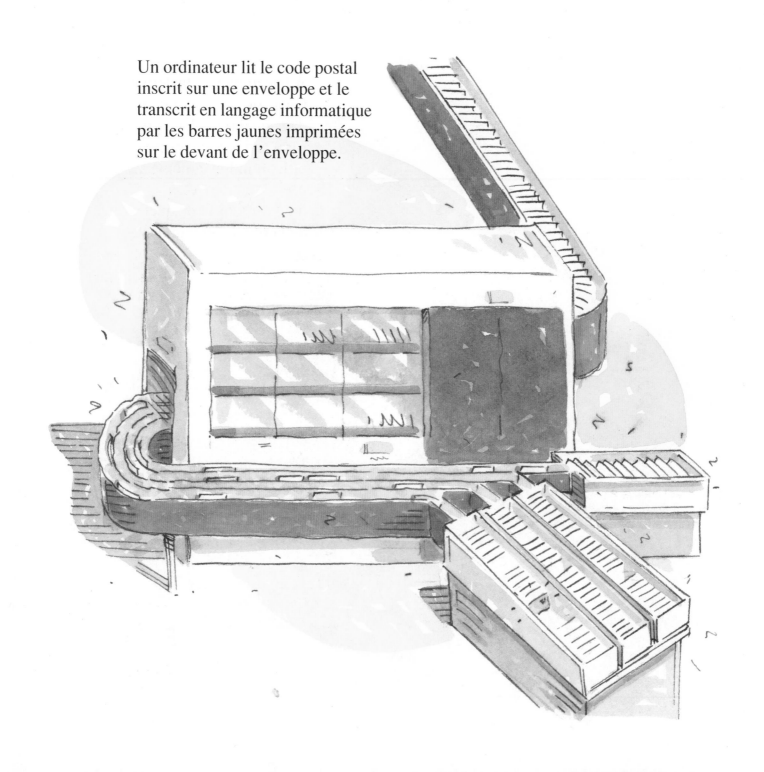

Les lettres passent à toute vitesse à travers une trieuse qui lit les codes postaux informatisés et envoie les enveloppes sur différents convoyeurs à courroies. La lettre d'Alexis avance le long du convoyeur jusqu'à ce qu'elle tombe dans un sac marqué Victoria. La plupart des sacs de courrier voyagent par camion et par avion.

La carte d'Alexis a voyagé jour et nuit pour arriver au bureau de poste près de chez sa grand-mère.

Il fait encore froid et sombre, et il est très tôt lorsque la factrice de grand-maman se met au travail. Un postier a déjà trié le courrier d'après les parcours et l'a placé dans de gros sacs très lourds.

La factrice prend son sac et classe son courrier dans les fentes qui sont divisées par rues et par adresses d'immeubles.

— Fiou! s'exclame-t-elle. Il doit y avoir plusieurs anniversaires qui s'en viennent.

Il y a trop de lettres pour que la factrice les apporte toutes en même temps. Elle range autant de courrier qu'elle peut dans son sac à bandoulière. Le reste, elle le place dans des sacs qu'un camionneur apportera dans les boîtes de relais fermées à clé au coin des rues, sur son parcours. Les facteurs et les factrices traînent leurs sacs jusqu'aux camions qui attendent.

— Vite, vite! crient les camionneurs.

Les facteurs et les factrices doivent être prêts à affronter la neige, la gadoue, le soleil, la pluie.

Les sacs pleins peuvent peser jusqu'à 17 kg chacun.

Des chaussures de sport ou des bottes noires

Doit remplacer ses chaussures ou ses bottes tous les deux mois.

PRINTEMPS

ÉTÉ

Porte des insignes
sur chaque bras.

Doit être bien bâti et
en bonne santé.

AUTOMNE   HIVER

La factrice marche vite lorsqu'elle fait sa tournée. Elle contourne les boîtes à ordures, grimpe les marches et glisse le courrier dans les entrées de lettres. L'hiver, elle fait attention à la glace. Et elle espère que les propriétaires de chiens méchants garderont leur animal en laisse et loin d'elle.

Les facteurs et les factrices livrent le courrier, ils ne le lisent pas, même quand il s'agit de cartes postales amusantes qui viennent de très loin. Mais ils portent attention aux gens qui ramassent leur courrier et à ceux qui ne le font pas. Certains facteurs et factrices surveillent le quartier. Ils connaissent les personnes âgées qui demeurent sur leur trajet.

Lorsque ces personnes ne ramassent pas leur courrier, le facteur ou la factrice signale un numéro de téléphone spécial pour prévenir qu'il y a quelque chose de suspect. La personne peut être tombée et ne plus pouvoir se relever. Un parent ou ami est alors prévenu. On lui demande de vérifier si tout va bien. Les postiers sauvent parfois des vies en agissant ainsi.

Quand la factrice atteint sa boîte de relais, au coin d'une rue, son sac est vide. Elle ouvre la boîte de relais à l'aide d'une clé et remplit de nouveau son sac à bandoulière.

— Quelle magnifique enveloppe jaune, dit-elle.

Un grand sourire illumine le visage de grand-maman lorsqu'elle ouvre sa boîte aux lettres. Il y a des cartes de partout au Canada et dans le monde.

— Oh, Alexis m'a écrit! Sa carte arrive tôt, mon anniversaire n'est que demain!

Avec du ruban adhésif, grand-maman colle la carte
d'Alexis sur son réfrigérateur. Elle trouve la carte très jolie,
mais elle aime aussi le timbre qui est sur l'enveloppe.
Grand-maman collectionne les timbres. Elle ouvre son
armoire, en sort un grand classeur de cuir et ajoute le
timbre qu'Alexis lui a envoyé à sa collection.

   Parmi les autres lettres qu'elle a reçues, il y a des timbres
du Canada, du Japon, du Pérou et de la Grèce.
Grand-maman sait déjà ce qu'elle enverra à Alexis pour son
anniversaire. Une carte fabriquée avec du beau papier,
dans laquelle elle glissera une douzaine de timbres
provenant d'une douzaine de pays différents, et qu'elle
enverra dans une jolie enveloppe jaune.

Grand-maman colle son
enveloppe et l'adresse avec soin.

Elle met le timbre là.

Elle inscrit son adresse en haut, au coin à gauche
de l'enveloppe comme ceci :

Grand-maman Fortier
45, rue de la Ville
Victoria (Colombie-Britannique)
V1E 2C3

Elle inscrit l'adresse d'Alexis au milieu de
l'enveloppe comme ceci :

Alexis Dumoulin
2, rue de la Falaise
Baie Comeau (Québec)
G5C 1S6